용돈은 항상
부족해!

용돈은 항상 부족해!

초판 발행 2011년 02월 01일
초판 19쇄 2022년 11월 15일

글쓴이 이현주
그린이 선영란
펴낸이 이진곤
펴낸곳 씨앤톡
임프린트 리틀씨앤톡
출판등록 제 313-2003-00192호(2003년 5월 22일)
주소 경기도 파주시 문발로 405 제2출판단지 활자마을
전화 02-338-0092
팩스 02-338-0097
홈페이지 www.seentalk.co.kr
E-mail seentalk@naver.com
ISBN 978-89-6098-153-9 (73810)

ⓒ 2011, See&Talk

- 저작권법에 의하여 한국 내에서 보호를 받는 저작물이므로 무단전재 및 복제를 금합니다.
- KC마크는 이 제품이 공통안전기준에 적합하였음을 의미합니다.

KC						
	모델명 용돈은 항상 부족해!	**제조년월** 2022. 11. 15.	**제조자명** 씨앤톡	**제조국명** 대한민국		
	주소 경기도 파주시 문발로 405 제2출판단지 활자마을		**전화번호** 02-338-0092	**사용연령** 7세 이상		

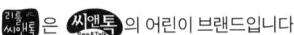
은 씨앤톡의 어린이 브랜드입니다.

용돈은 항상 부족해!

뚝딱뚝딱 고민해결

책 읽기보다는 게임을 더 하고 싶고,
다이어트 하기보다는 맛있는 음식을 많이 먹고 싶고,
친구들이 듣기 싫은 별명을 부르지 않았으면 좋겠고,
부모님이 용돈도 더 많이 주었으면 좋겠고….

이것들은 우리 친구들이 늘 생각하는 일들이죠?
여기에는 친구들이 좋아하는 것도 있고 싫어하는 것도
있을 거예요.

하지만 부모님은 늘 이거 하지 마라, 저거 하지 마라며
잔소리를 하시면서 하지 말아야 하는 이유를
잘 알려 주지 않아요. 그래서 고민이 쌓이죠.

그동안 어린이 친구들이 가지고 있던 고민들을
한번에 뚝딱뚝딱 해결해 주는 이 책은
어떻게 하면 좋은 습관을 들여
건강하고 올바르게 자랄 수 있는지도 알려 준답니다.

이 책을 읽고 좋은 습관을 가지기를 바랍니다.

차례

제1장
　용돈만 있으면…　　　　　　9

제2장
　내 용돈은 일주일에 삼천 원　27

제3장
용돈 올려 주세요!   51

제4장
용돈은 관리가 중요해!   81

뚝딱뚝딱 고민해결   99

제 1 장

용돈만 있으면...

"자, 이번 주 용돈!"

엄마는 매주 월요일이면 5학년인 언니에게 용돈을 주신다.

"나 용돈 좀 올려주면 안 돼?"

언니의 용돈은 일주일에 오천 원. 언니는 늘 부족하다며 용돈을 올려달라고 졸라댄다. 물론 엄마의 대답은 언제나 같다.

"응. 안 돼!"

엄마의 말에 언니의 얼굴이 붉으락푸르락해졌다. 이제 곧 언니의 전용 공격이 시작될 것이다. 일명 '친구들은 매주 만 원씩 받는단 말이야.' 공격!

"친구들은 매주 만 원씩 받는단 말이야!"

언니는 화가 난 듯 소리를 질렀다. 역시, 나의 예상대로다. 난 웃음이 나올 것 같은 걸 겨우 참았다. 내가 웃어버리면 언니의 공격 대상이 나로 변할 것이 뻔하다.

"다현이는 매주 만 원씩 받으면서, 아빠한테도 용돈 따로 받는대. 근데 나는 오천 원이 뭐야! 오천 원가지고 할 거라도 있는 줄 알아? 간식 사 먹고 문구점에서 캐릭터 문구 좀 사고 나면 이삼일 안에 다 쓴단 말이야."

"그건 네가 계획적으로 쓰지 않아서야. 필요 없는 지출을 줄이고, 일주일에 천 원이라도 저금하는 습관을 들여 봐."

언니는 표정을 잔뜩 찡그린 채 입술을 꽉 깨물었다. 아마 마음속으로 '저금할 돈이 어디 있어. 쓸 돈도 없는데.'라고 말하고 있을 것이다.

"학교 다녀오겠습니다. 구. 두. 쇠 엄마!"

언니가 나가자, 쾅! 하고 현관문이 닫혔다. 자신이 화가 났다는 걸 저렇게 표현하고 있는 것이다. 언니의 태도가 속상하신지 엄마는 나지막이 한숨을 내쉬었다. 나는 엄마의 눈치를 살피며 가방을 메고, 신발을 신었다. 나도 오늘 꼭 할 말이 있는데….

"엄마…."
"응. 우리 새봄이도 엄마한테 할 말 있어?"

엄마가 미소를 지으며 나를 바라보자 도무지 입이 떨어지지가 않았다.

"아니야. 새봄이도 학교 다녀오겠습니다."

나는 급히 말을 돌리고, 집을 나섰다. 터벅터벅. 걸어가는 발걸음이 왠지 무거웠다. 오늘따라 학교 가는 길이 멀게만 느껴졌다. 사실은 나도 엄마에게 용돈을 달라고 할 참이었다.

하지만, 언니가 용돈을 올려달라고 난리를 부린 바람에 내가 하고 싶은 말은 시작도 못 했다. 나도 엄마처럼 나지막이 한숨을 내쉬었다.

"이게 다 언니 때문이야!"

내 이름은 한새봄이다. '새봄'이라는 이름은 겨울을 보내고 맞이하는 첫봄. 새로운 봄을 뜻한다. 하지만 이름만 새봄이지, 난 새 옷, 새 책, 새 인형, 새 신발, 새 학용품 등을 가져본 적이 없다. 모두 언니가 쓰던 것이나 알뜰 바자회 같은 곳에서 파는 헌 옷을 저렴하게 사온 것들뿐이다. 언니가 말한 것처럼 우리 엄마는 지독한 구두쇠다. 나도 새 옷을 입고, 새 신발을 신고 싶다고 엄마에게 몇 번이나 말했지만 대답은 늘 한결같다.

"입을 옷과 신을 신발이 이렇게나 많은데 새 것이 왜 필요하니?"

휴우~. 정말 한숨이 절로 나오는 대답이다.

길을 걷다가 가게에 걸려 있는 거울에 내 모습을 비춰보았다. 언니가 입던 옷. 언니가 신던 신발. 알뜰 바자회에서 이천 원 주고 산 가방. 후줄근해 보이는 모습에 기분이 나빠졌다. 나는 원래 외모나 옷차림에 그렇게 신경 쓰는 편은 아니다. 작년까지만 해도 엄마나 언니가 입혀주는 대로 입고, 머리는 고무줄 끈으로 대충 묶고 다녔었다. 엄마가 머리카락을 잘라주시기 때문에 미용실 같은 곳에 가본 적도 없다.

하지만, 2학년이 되면서부터는 조금씩 신경 쓰이기 시작했다. 새로 사귄 친구 하영이가 엄청난 멋쟁이기 때문이다. 하영이는 예쁜 옷과 신발이 참 많다. 색깔도 노란색, 핑크색, 하늘색 등 모두 곱고 화려한 것들뿐이다. 또 머리카락에서는 반짝반짝 윤이 난다. 미용실에서 매직 스트레이트란 걸 해서 그렇다고 한다. 예쁜 머리띠를 하고 긴 머리를 찰랑거리며 걸어 다니는 모습이 참 예쁘다. 그 애 옆에 있으면 그 애는 공주님, 나는 공주님을 모시는 하녀라도 된 기분이다.

하영이는 용돈도 아주 많이 받는다. 하영이의 귀여운 토끼 캐릭터가 그려진 예쁜 핑크색 지갑에는 항상 돈이 넉넉하게 들어 있다. 문구점이나 슈퍼마켓에서 그 귀여운 토끼 캐릭터가 그려진 예쁜 핑크색 지갑에서 돈을 꺼내서 계산하는 모습이 난 늘 부러웠다. 나도 용돈만 있으면 사고 싶은 것도 다 사고, 먹고 싶은 것도 다 사 먹을 수 있을 텐데….

"역시 게임팩이 좋으려나?"
"응? 뭐라고?"

하영이가 내 옆에 앉아서, 찰랑거리는 머릿결을 쓸어 올리며 입을 삐죽거린다.

"건우 선물 말이야. 게임팩이 좋을까?"

건우는 우리 반에서 가장 인기 있는 남자 아이다. 하영이는 건우를 좋아한다. 건우를 좋아하는 여자아이는 하영이 말고도 수두룩하다. 물론 나 역시 건우를 좋아한다.

다음 주에는 건우의 생일 파티가 있다. 많은 친구들이 생일 선물을 사 올 것이다. 나도 다른 친구들처럼 내 용돈으로 건우에게 멋진 선물을 하고 싶다.

"영어 동화책을 선물할까? 건우 영어 잘하잖아. 아아, 뭐가 좋지…."

하영이는 엄청나게 비싸고 좋은 선물을 해주겠지. 오늘 집에 가면 엄마에게 용돈을 달라고 해봐야겠다. 그리고 하영이 지갑보다 훨씬 더 귀엽고, 예쁜 지갑도 사달라고 해야지.

엄마가 저녁 반찬거리를 사러 마트에 가신다기에 나는 얼른 따라 나섰다. 집보다는 밖에서 엄마를 설득하기가 더 쉽다고 생각했기 때문이다.

"어머, 채소 값이 이렇게나 올랐네."

엄마는 시금치와 당근을 손에 들고는 가격표를 살펴보셨다.

가격표에는 시금치가 한 단에 2,400원, 당근이 1kg에 2,200원이라고 쓰여 있었다. 엄마는 결국 시금치를 내려놓았다. 그리고 살며시 한숨을 내쉬었다. 요즘 들어 부쩍 엄마가 한숨 쉬는 모습을 자주 보는 것 같다. 어제도 가계부를 쓰시면서 자꾸 한숨을 쉬시던데…. 내가 걱정스러운 듯이 엄마를 바라보자, 엄마가 빙그레 웃어 주셨다. 그리곤 내 머리를 쓰다듬어 주셨다.

"우리 새봄이 배고프지? 빨리 집에 가서 맛있는 거 해먹자."

나는 대답 대신 고개를 끄덕였다. 엄마는 다시 빙그레 웃어주셨다. 엄마가 계산대에서 계산하고 계시는 동안, 난 계산대 앞에 있는 진열대에서 귀여운 캐릭터가 그려진 모자, 머리띠, 머리끈 등을 구경하고 있었다. 그리고 아주 예쁜 머리띠를 발견했다. 예쁜 별모양 무늬가 있는 핑크색 머리띠. 왠지 자신을 사달라며 날 향해 반짝이고 있는 것만 같았다.

"새봄아, 이제 가자!"

계산을 끝낸 엄마가 내 곁으로 왔다. 엄마의 손에는 기다랗고 빨간 지갑이 들려 있었다. 난 지금이 기회다 싶어서 그동안 하고 싶었던 말을 꺼냈다.

"엄마, 나도 용돈 주세요!"

난 최대한 착한 표정으로 말했다. 두 손을 공손하게 모으는 것도 잊지 않았다.

엄마는 나의 갑작스러운 말에 눈이 휘둥그레지셨다. 그리고 이내 표정이 차갑게 변했다.

"안 돼!"

쉽지 않을 줄은 알았지만, 엄마가 단칼에 안 된다고 하자 당황스러웠다. 그러나 물러설 순 없다.

"왜 안 돼? 언니는 용돈 받잖아. 나도 용돈 주세요. 네?"
"언니는 3학년 때부터 용돈 받기 시작했어. 너도 3학년되면 줄 거야."

나는 그 자리에 그대로 멈춰 서서 눈에 힘을 주기 시작했다. 눈이 화끈거리면서, 눈에서 눈물이 조금씩 고여왔다. 하영이가 자신의 필살기라며 가르쳐준 기술이다. 엄마가 원하는 걸 들어주지 않을 때 하영이는 일부러 눈에 힘을 줘 눈물을 흘린다고 했다.

그리고 엉엉 소리를 내서 울어대면 엄마는 바로, 하영이가 원하는 걸 들어준다고 했다. 눈에 가득 고인 눈물이 볼을 타고 주르륵 흘러내렸다. 내가 눈물을 흘리자, 엄마는 조금 당황한 눈치다. 하영이의 필살기가 나에게도 통한 것이다.

"좋아. 용돈이 필요한 이유가 뭔데? 엄마가 이해할 수 있도록 이야기해봐."

"저 머리띠가 갖고 싶어. 용돈 있으면 내 맘대로 살 수 있는데…."

엄마는 내가 손으로 가리키는 쪽을 보았다. 여전히 머리띠의 별 무늬가 반짝거리고 있었다.

"집에 머리띠 있어. 안 돼."
"별무늬 머리띠 아니잖아. 집에 있는 건 검은색이라 안 예쁘단 말이야."

내가 칭얼거리자 엄마는 머리가 아픈지, 손을 머리에 댔다. 아침에는 언니가, 밤에는 내가 용돈 타령을 해대니 내가 엄마라도 머리가 지끈거릴 거 같긴 하다.

"용돈을 준다고 해도, 네가 사고 싶은 걸 다 살 수는 없어. 초등학교 2학년짜리 꼬마한테 그렇게 많은 돈을 주지도 않을 거고."

"아껴 쓸게요. 나도 용돈 주세요. 네?"

휴우. 엄마의 한숨 소리가 커졌다.

"일단 아빠랑 상의해 볼게."

엄마는 내 손을 확 당겼다. 그리고 빠른 걸음으로 마트를 빠져나왔다. 엄마는 아빠와 상의해보겠다고 했지만, 아빠를 설득하는 일은 아주 쉽다. 나의 애교 섞인 뽀뽀 한 방이면 뭐든지 다 들어주시니까.

나는 집에 가는 동안 용돈을 얼마나 받을까, 용돈 받으면 뭘 살까 등을 생각하며 행복한 상상의 나래를 펼쳤다.

"아빠, 난 아빠만 믿어요!"

제 2 장

내 용돈은
일주일에 삼천 원

"새봄이에게 용돈 주는 것, 난 찬성이야."

역시 아빠는 내 편이었다! 조금 전, 아빠의 볼에 뽀뽀를 해 드린 게 효과가 있었나 보다.

"새봄이도 2학년이니까, 이제 슬슬 용돈 관리도 스스로 할 줄 알아야지."

우리 아빠 최고! 난 아빠를 향해 엄지손가락을 치켜 올렸다. 이내 엄마의 표정을 살폈다. 엄마는 여전히 걱정스러운 표정이다. 그리고 무언가 결심한 듯, 굳게 다물어 있던 엄마의 입술이 열렸다.

"좋아요. 새봄이에게도 용돈을 주기로 해요."

순간, 엄마가 재판관처럼 느껴졌다. 재판관이 판결을 내릴 때처럼 망치 소리도 들리는 것만 같았다.

"쾅! 쾅! 쾅! 한새봄의 용돈 요구 인정!"

엄마는 가방에서 기다랗고 빨간 지갑을 꺼냈다. 저곳에서 내 인생의 첫 용돈이 나올 것이다. 실로 역사적인 순간이 아닐 수가 없다. 나는 엄마의 손만 뚫어져라 쳐다봤다.

"한 장, 두 장, 세 장, 네…. 어랏? 세 장!?"

세 장에서 돈을 꺼내던 엄마의 손이 멈췄다. 내 시선은 엄마의 손에서 엄마의 얼굴로 옮겨졌다. 내 표정은 아마 '에이, 설마 이게 끝?'이라고 말하고 있을 것이다.

"자, 우리 새봄이의 일주일 용돈이야."
"겨우 삼천 원!?"
"싫어?"
"너무 적잖아. 하영이는 일주일에…."
"친구 얘기는 네 언니한테도 지겹도록 들었어. 엄마는 2학년인 새봄이 용돈으로 일주일에 삼천 원이 적당하다고 봐."

"싫다면 없었던 일로 할 게."

언니는 오천 원이나 주면서, 나는 겨우 삼천 원이라니…. 나는 금방이라도 울음을 터트릴 것 같은 얼굴로 엄마를 바라보았다.

"울어도 소용없어. 이 이상은 줄 생각이 없으니까."

하영이의 필살기 공격, 이번엔 실패다. 내가 대답을 하지 않자, 엄마는 나에게 주려던 삼천 원을 다시 지갑 속으로 넣으려고 하셨다. 저 돈이 지갑 속으로 들어가 버리면 용돈 얘기는 끝장이다.

"조… 좋아요! 일주일에 삼천 원. 그러니까 용돈 주세요."

엄마는 기분 좋게 웃으시고는, 나에게 삼천 원을 내밀었다. 나는 두 손으로 공손히 그 돈을 받아들었다. 빳빳한 지폐 세 장이 내 손에 쥐어졌다.

"일주일에 한 번씩 삼천 원을 줄 거야. 준비물은 엄마가 사 주겠지만, 간식을 사 먹는다거나, 친구 선물을 산다거나 할 때는 용돈으로 해결해야 해. 용돈 외에 돈은 절대 안 줄 거니까 명심해! 물론 아빠한테 따로 받아도 안 되고!"

엄마는 쉬지 않고 용돈 사용 법칙에 대해 말씀하셨지만, 하나도 귀에 들어오지 않았다. 난 내 손에 있는 돈만 계속 쳐다보았다. 내 돈이다. 내 맘대로 쓸 수 있는 돈이다. 드디어 나에게도 용돈이 생겼다! 내 방 침대에 누워 용돈을 보고 또 보기를 반복하고 있는데, 아빠가 내 방문을 열고 얼굴을 쓰윽 내미시고는 피식 웃으신다.

"우리 새봄이 용돈 받는 게 그렇게 기뻐?"
"응~. 너무 좋아. 그동안 친구들이 얼마나 부러웠다고."

아빠는 내 머리카락을 쓰다듬어 주시고는 등 뒤에 감춰두었던 다른 손 하나를 내미신다. 조그마한 선물 상자였다.

"열어 봐. 새봄이 선물이야."

뭘까 궁금해 하며 선물 상자를 열어본 나는 나도 모르게 꺄악~ 하고 소리를 질렀다. 선물 상자 속에는 귀여운 강아지 그림이 그려진 핑크색 지갑이 들어 있었다. 하영이 것보다도 더 예쁘고 좋아 보였다. 나는 아빠를 꼭 안고는 애교 섞인 목소리로 말했다.

"아빠~ 사랑해요."

나의 애교에 아빠는 껄껄 웃으신다. 가끔 어른들이 '아빠가 좋아? 엄마가 좋아?'라고 물어보면, 선뜻 대답을 못하던 나지만, 오늘은 확실히 말할 수 있다. 나는 세상에서 아빠가 제일 좋다! 엄마보다 아주 쪼끔 더.

싱그러운 햇살이 내 얼굴을 기분 좋게 간질인다. 파란 하늘을 날아가는 새들이 노래하듯 정답게 지저귄다. 나무들도 나뭇가지를 살랑살랑 흔들며 기분 좋은 손짓을 한다. 내 기분이 좋아서일까? 늘 보던 풍경일텐데, 오늘은 마냥 예쁘게만 보인다. 콧노래가 절로 나올 지경이다. 신이 나서 흥얼흥얼거리며 가는데, 누가 내 어깨를 툭 친다.

"뭐 좋은 일 있어? 기분 좋아 보이네?"

바로 하영이였다. 난 하영이에게 용돈 받은 것과 지갑을 자랑하려고 꺼내는데, 하영이의 머리띠가 눈에 들어왔다. 어제 내가 갖고 싶어서 눈도장을 쿡 찍어놨던 그 별무늬 머리띠다. 반짝이는 별무늬 머리띠 덕에 찰랑거리는 머리카락이 더 돋보였다. 교실에 들어서자마자, 친구들은 하영이의 머리띠가 예쁘다고 난리다. 심지어 건우까지 하영이의 머리띠가 예쁘다고 칭찬하는 것이 아닌가. 어제 저 머리띠를 내가 샀으면 건우가 나에게 예쁘다고 해주었을 텐데…. 하고 생각하니 속상해졌다.

'괜찮아. 난 이제 용돈이 있잖아. 집에 갈 때 문구점에 들러 하영이 것보다 더 예쁜 머리띠를 사야지.'

지루했던 수업이 끝났다. 용돈 쓸 생각만 머릿속에 가득해서 오늘 수업은 귀에 들어오지도 않았다.

집에 가는 길에 유진이가 떡볶이를 먹고 가자고 했다. 예전 같으면 돈이 없어 먼저 집에 갔던 나지만, 이젠 아니다. 나에게는 용돈이 있다. 유진이와 하영이, 진경이와 함께 오백 원씩 걷어서 떡볶이를 사 먹기로 했다. 점심 먹은 지 얼마 되지도 않았는데 새빨간 떡볶이 이천 원어치가 순식간에 사라졌다. 엄마가 해주시는 떡볶이도 맛있지만, 분식점에서 파는 떡볶이가 훨씬 더 매콤하고, 맛있다. 계산하려고 다들 지갑을 꺼냈다. 나도 가방에서 아빠가 사주신 핑크색 지갑을 꺼내 들었다. 진경이가 내 지갑을 보고는 '우와' 하고 감탄사를 내뱉는다. 유진이와 하영이도 내 지갑을 보더니 눈이 휘둥그레진다.

"어머, 새봄이 지갑 너무 예쁘다."

진경이의 말에 난 어깨가 으쓱해졌다.

"아빠가 사주셨어. 용돈 받은 기념으로."
"우와~ 좋겠다!"

유진이는 내 지갑에서 눈을 떼지 못한다. 나는 친구들의 지갑을 쓱 쳐다보았다. 역시나 내 지갑이 제일 예뻤다. 괜히 우쭐해진다. 그냥 집에 가기 아쉬워 친구들과 문구점에 들렀다. 친구들이 요즘 유행하는 스티커 북을 구경하고, 귀여운 캐릭터가 그려져 있는 학용품 등을 구경하는 동안, 나는 머리띠를 머리에 대 보고 있었다. 하늘색 물방울무늬 리본이 달린 귀여운 머리띠였다. 가격을 보니 천오백 원. 살까 말까 고민하고 있는데 하영이가 말했다.

"그 머리띠 귀엽다~ 나도 해볼래."

난 머리띠를 손에 꽉 쥐었다. 이것만큼은 하영이에게 뺏길 수 없다고 생각했다.

"이건 내가 살 거야."

나는 바로 계산대 앞에 섰다. 그리고 지갑에서 이천 원을 꺼내 주인아저씨에게 내밀었다. 예쁜 지갑에서 당당하게 돈을 꺼내 계산을 하니 마치 멋진 어른이 된 것만 같아 뿌듯했다. 친구들과 집으로 돌아가는 길에 칠백 원짜리 아이스크림도 하나씩 사 먹었다. 달콤한 아이스크림을 먹으며 도란도란 이야기를 나누며 가는 길이 너무 즐거웠다.

나는 집에 도착하자마자 내 방으로 쏙 들어가 머리띠를 해 보았다. 제법 잘 어울렸다. 내일은 이 머리띠와 잘 어울릴만 한 하늘색 원피스를 입고 가야지. 그럼 건우가 나에게도 예쁘 다고 해주겠지? 건우의 멋진 미소를 떠올리니, 나도 모르게 얼굴이 붉어졌다. 문득 건우 생일 선물 살 돈이 걱정되었다. 얼른 지갑을 열어 보았다.

"얼마가 남았으려나~."

그런데 남아 있는 돈은 달랑 동전 세 개. 지갑을 다시 뒤져 보고, 거꾸로 들고 털어 봐도 지갑 속에 들어 있는 돈은 삼백 원이 전부였다. 삼천 원이 이렇게 얼마 안 되는 돈이었나? 어 떻게 하루 만에 다 사라질 수가 있지? 나는 벽에 걸려 있는 달력을 보았다. 며칠 후면 건우 생일인데…. 돈 삼백 원 가지 고 뭘 살 수 있지? 생각하니 가슴이 답답해졌다. 어쩔 수 없 다. 엄마한테 돈을 좀 더 달라고 해야지.

주방에서는 고소한 냄새가 솔솔 났다. 엄마는 오븐 속에서 맛있게 구워진 쿠키를 꺼내고 계셨다.

"엄마, 나 엄마한테 할 말 있어요."
"그전에 이거 한 번 먹어 볼래? 민주 이모 온다고 해서 만들어봤거든. 맛있나 먹어봐."

나는 하고 싶은 말은 잠시 미뤄두고, 엄마가 내미는 쿠키를 받아 한 입 베어 물었다. 부드러우면서 달콤한 맛이 입안을 감쌌다.

"엄마! 이거 진짜 맛있다!"

나는 그 자리에서 다섯 개나 먹어버렸다. 엄마의 요리 솜씨는 대한민국 아니 세계 최고다!

"나 이거 내일 학교 가져가도 돼? 친구들이랑 나눠 먹게."
"그러렴. 많이 만들었으니까, 아빠랑 언니도 가져가라고 해야겠다."

나는 쿠키를 하나 더 입에 물고 돌아섰다. 아~ 내일 쿠키 가져가서 건우한테 줘야지. 응? 건우? 건우에 대해 엄마한테 할 말이 있었는데…. 아!!! 맞다. 정작 해야 할 이야기는 잊고 쿠키만 잔뜩 먹어버리다니! 정말 바보다. 한새봄! 나는 입 안에 있던 쿠키를 마저 삼키고는 잊기 전에 빠르게 말했다.

"엄마, 나 용돈 더 주세요."

콧노래를 흥얼거리며 쿠키를 포장하고 계시던 엄마의 표정이 갑자기 싸늘하게 굳어졌다.

"뭐라고?"
"삼천 원은 너무 부족해."
"안 돼!"

"건우 생일 선물 사야 하는데 삼백 원밖에 안 남았단 말이야."

나의 말에 엄마의 눈이 휘둥그레졌다. 놀라신 눈치였다.

"뭐? 삼백 원?"

내가 고개를 끄덕이자, 엄마는 더 차가워진 표정으로 날 가만히 바라보셨다. 눈빛이 어찌나 차가운지, 오싹해서 몸서리가 쳐질 지경이었다.

"일주일 동안 쓰라고 준 용돈을 하루 만에 다 쓰고는 돈을 달라고? 새봄이한테 정말 실망이다."
"이번 한 번만! 딱 한 번만! 돈 좀 주세요. 건우 선물 좋은 거 해주고 싶단 말이야."
"절대 안 돼! 분명히 용돈 줄 때 약속했지? 친구 선물도 용돈으로 알아서 하라고. 엄마는 돈 더 못 주니까 네가 알아서 해결해!"

엄마의 표정을 보니 더 졸랐다간 돈을 더 받긴커녕, 앞으로의 용돈도 사라질 듯하다. 이쯤에서 물러서는 게 현명하다. 띵동띵동. 초인종 소리에 엄마의 표정이 살짝 누그러든다. 민주 이모가 오셨나 보다. 엄마는 언제 그랬냐는 듯 환하게 웃으며 민주 이모를 맞이했다. 정말 저럴 때 보면 우리 엄마 배우 해도 되겠다 싶다. 물론 나도 언제 그랬냐는 듯 환한 미소로 민주 이모에게 달려가 안겼다.

"이모~~."
"아유! 우리 새봄이 잘 있었어?"

민주 이모는 내 어깨를 토닥토닥 해주신다. 방금 엄마한테 혼이 나서인지 이모의 손길이 따뜻하게 느껴진다. 그리곤 지갑을 꺼내더니 나에게 만 원짜리 한 장을 내민다. 또 심부름인가 싶어 이모 몰래 한숨을 내 쉬는데, 이모가 웃으신다.

"이모가 맛있는 거 사온다는 걸 깜빡했다. 이거 가지고 새봄이 먹고 싶은 거 사 먹어."

나는 순간 환호성을 지를 뻔했다. 안 좋은 일 뒤에는 좋은 일이 온다더니, 이런 때를 두고 하는 말인가 보다.

"이모, 고맙습니다."

손을 배꼽 위에 얹고 고개를 숙여 공손히 이모에게 감사 인사를 전하는데, 내 앞으로 엄마의 손이 휙 지나간다.

"애한테 뭐 이리 큰돈을 줘. 애 버릇 나빠져. 그냥 넣어 둬."

나는 얼른 고개를 들었다. 엄마가 이모 돈을 다시 이모 주머니로 넣는 것이 아닌가. 하지만, 이모도 지지 않았다. 이모는 다시 돈을 꺼내서 내 앞으로 내밀었다.

"자주 주는 것도 아니고, 오랜만에 만나서 용돈 좀 주자! 새봄아, 괜찮으니까 받아."
"받지 마."

돈 만 원을 가지고 '받아라.' '받지 마라.' 하던 엄마와 이모의 밀고 당기기는 결국 이모의 승리로 끝났다. 그 덕에 만 원은 무사히 내 손에 쥐어졌다.

"엄마한테 뺏기지 말고, 새봄이 맘대로 써. 알았지?"
"네! 이모!"

내 머리를 쓰다듬으며 환하게 웃는 민주 이모의 등 뒤로 환한 빛이 느껴진다. 이모는 어려움에 빠진 나를 도와주려고 짠! 하고 나타난 천사인가보다.

"나, 화장실 좀 쓸게."

나는 이모의 가방을 받아들었다. 이모는 '고맙다.' 하며 귀엽다는 듯 내 머리를 다시 쓰다듬어 주신다. 오늘은 이모에게 충성을 다해야 할 것 같다. 원래 내가 민주 이모를 엄청 좋아해서 그러는 거지, 용돈을 주셨다고 해서 그런 건 아니다. 정말 아니다.

"그거 엄마한테 줘."

나는 이모의 가방을 엄마한테 내밀었다. 그런데 엄마는 고개를 젓는다.

"그거 말고, 만 원!"
"이모가 나 쓰라고 했잖아. 근데 왜 엄마를 줘."
"엄마가 따로 저금해 줄게. 넌 어차피 용돈 외에 더 받지 않기로 했잖아."

"아빠한테 따로 받지 말라고만 했잖아. 이모가 준 거니까 내 거야."

내가 끝까지 고집을 피우자 엄마가 무섭게 나를 노려본다.

"한새봄!!! 너 자꾸 엄마 말 안 들을 거야!!!"

엄마의 화난 목소리에 어쩔 수 없이 꼭 쥐고 있던 만 원을 엄마 앞으로 내밀었다. 엄마는 내 만 원을 안방 서랍 속에 넣어 두었다.

"구두쇠 엄마!"

나는 입술을 삐죽이며 방문을 쾅! 닫고는 방으로 들어갔다. 책상 위에 놓인 동전 세 개가 눈에 보였다.

"삼백 원이 뭐야! 이거 가지고 뭘 어떻게 하라고!"

난 화를 내며, 동전들을 손으로 확 밀었다. 동전 세 개가 바닥으로 떨어지더니 그 중 하나가 또르르 굴러 침대 밑으로 들어가 버렸다. 저 백 원마저 사라지면 난 겨우 이백 원으로 다음 용돈 받는 날까지 버텨야 하는데…. 난 몸을 숙이고, 침대 밑을 보았다. 깜깜해서 동전이 어디 있는지 보이지 않았다. 손으로 바닥을 훑어보았지만 먼지만 흩날릴 뿐이다. 콜록콜록. 먼지 때문에 기침이 났다. 돈 백 원 찾으려다가 먼지만 잔뜩 마시고, '이게 다 엄마 때문이야.'라는 생각을 하며 괜히 죄 없는 문을 노려보았다. 엄마에 대한 원망과 설움으로 눈물이 쏟아졌다. 이런 내 마음을 아는지 모르는지 거실에서는 엄마와 이모의 웃음소리가 끊이지 않았다.

제 3 장

용돈 올려 주세요!

"새나라랑 새봄이에게 돈 따로 주기만 해요! 그땐 당신도 용돈 줄일 줄 알아요."

아침부터 우리 집은 찬바람이 쌩쌩 분다.

어제 울고 있는 내 모습을 아빠가 보셨다. 이유를 물으시기에, 울먹이며 한참이나 나의 속상함을 말씀드렸다. 아빠는 내가 불쌍해 보이셨나 보다. 아침에 일어났더니 내 지갑 속에 오천 원이 들어 있었다.

'친구 선물 이걸로 사렴. 혹시 또 부족하면 아빠한테 얘기하고, 아빠는 늘 새봄이 편인 거 알지? 물론 엄마랑 언니한테는 비밀이다!^^ -새봄이를 사랑하는 아빠가-'

라고 적힌 쪽지와 함께.

역시 아빠뿐이다. 아빠는 늘 내 편이다. 마음이 든든해졌다. 이제 이 돈으로 건우 선물을 사면 된다.

　이렇게 나의 고민은 한 번에 사라지는 것만 같았다. 언니, 새나라가 나타나기 전까진….

　"야, 또 네가 내 샤프 가지고 갔지? 몰래 가져가지 좀 말라니까…."

한창 아빠의 사랑을 만끽하고 있는데, 언니가 내 방문을 벌컥 열고 들어왔다. 나는 놀라 아빠가 주신 돈과 쪽지를 등 뒤로 숨겼다. 하지만 눈치 백단 언니가 그냥 넘어갈 리 없다.

"너 등 뒤에 뭘 숨기는 거야?"
"아무 것도 아니야!"

언니한테 걸리면 다 끝장이다. 내가 언니와 눈도 안 마주치고, 우물쭈물하자 언니는 내게 비밀이 있다는 걸 확신했다. 그리곤 내 팔을 잡아당겼다. 웬만한 남자도 언니 팔 힘에는 못 당한다. 언니는 너무도 쉽게 내 팔을 당겨 손에 꼭 쥐고 있는 오천 원과 쪽지를 발견했다. 언니의 얼굴에 희미하게 미소가 번졌다.

"아빠가 줬지?"

난 고개를 저었다. 언니가 알게 되면 일이 복잡해진다. 아빠에게 쪼르르 달려가 자기도 용돈을 내놓으라고 야단을 칠 것이다. 아니, 엄마에게 바로 일러바칠지 모른다. 의리라고는 눈곱만큼도 없는 언니니까. 나는 어쩔 수 없이 거짓말을 했다.

"어제 민주 이모가 줬어!"
"그래?"

언니는 마치 형사라도 된 양 날 의심의 눈초리로 바라본다. 난 죄인이라도 된 듯 내 거짓말이 들킬 것만 같아 시선을 아래로 떨어뜨린 후 침을 꼴깍 삼켰다.

"저기… 저거 뭐야?"

갑자기 언니가 손가락으로 가리키며 소리치는 통에 나도 모르게 언니가 가리키는 쪽으로 눈을 돌렸다. 그때였다. 언니가 내 손에 있는 돈과 쪽지를 확 가로챘다. 윽. 당했다.

"사랑하는 아빠가? 뭐야. 아빠가 준 거 맞네. 쪼끄만한 게 벌써 거짓말이나 하고."
"언니, 제발 엄마한테는…."

언니에게 사정하려고 다가갔지만 이미 늦었다.

"엄마!! 아빠가 새봄이한테만 용돈 줬어."

언니의 쩌렁쩌렁한 목소리가 온 집안에 울려 퍼졌다. 고자질쟁이 언니 때문에 출근 준비하던 아빠에게도 날벼락이 떨어졌다.

"당신, 새봄이한테 따로 용돈 줬어요?"
"애가 친구 선물을 사야 하는데 돈이 없다고 울고 있잖아. 그걸 보는데 내가 어찌나 속이 상하는지…. 그래서 친구 선물 사라고 좀 준 거야."
"난 뭐 새봄이한테 돈 주기 싫어서 이래요? 나라고 마음 안 아픈 줄 알아요? 하지만, 애들이 달라는 대로 다 주면 애들에게 경제 습관이 제대로 잡히겠어요? 당신이 도와줘야지. 몰래 이렇게 돈을 주면 어떡해요? 내가 무슨 팥쥐 엄마야? 왜 날 나쁜 엄마를 만들어요?"

엄마는 답답하다는 듯, 자신의 가슴을 주먹으로 쳤다.

"팥쥐 엄마 맞지 뭐."

언니가 나에게만 들릴 정도로 작은 소리로 말했다. 나는 언니를 가만히 쳐다봤다.

"엄마가 팥쥐 엄마면 언니는 팥쥐다 뭐. 휴우."
"애들에게 몰래 용돈 주면 당신도 용돈 반으로 확 줄여버릴 테니까 그런 줄 알아요! 그리고 새봄이 너! 한 번만 더 용돈 외에 돈 달라고 해봐. 그땐 용돈 없을 줄 알아!"

언니는 고소하다는 듯 나에게 혀를 빼죽 내민다. 정말 이럴 땐 언니가 밉다. 언니가 없는 외동딸 하영이가 한없이 부러워지는 순간이다.

건우의 생일이 이제 얼마 안 남았다. 다들 건우에게 잘 보이려고 선물 고르는 데 꽤 신경을 쓴다. 진경이는 벌써 캐릭터 손목시계를 샀다고 한다. 그 캐릭터는 건우가 엄청 좋아하는 만화 캐릭터다. 건우가 마음에 들어 할 것이 뻔하다. 난 주머니에 있는 동전을 만지작거린다. 침대 밑에 있는 백 원을 합쳐도 겨우 삼백 원. 이 돈 가지고 과자 하나도 못 산다. 학교 수업이 끝나고, 친구들이 소프트 아이스크림을 사 먹으러 가자고 한다. 소프트 아이스크림은 작은 것도 700원. 따라간다고 해도 살 수가 없다. 나는 엄마가 집에 빨리 오라고 했다며 서둘러 집으로 갔다.

"다녀왔습니다."
"응. 우리 새봄이 어서 와~."

엄마는 텔레비전 드라마를 보고 계셨다. 쓱 보고는 털레털레 방으로 들어가는데 내 귀를 쫑긋하게 하는 소리가 들려왔다.

"난 그 사람과 결혼하고 싶어요. 엄마가 허락할 때까지 아무것도 안 먹겠어요. 단식투쟁하겠다고요!"

단식투쟁!? 엄마가 허락할 때까지 아무것도 안 먹는다고? 그래! 이거야! 내 뜻대로 되는 건 시간문제다.

저녁 식사 시간. 식탁 위에는 뚝배기 안의 된장찌개가 보글보글 끓고 있고, 내가 좋아하는 계란말이가 고소한 냄새를 풍기고 있었다. 나는 침을 꿀꺽 삼켰다. 하지만, 아직 시작도 안 해봤다. 무너지면 안 된다.

"우리 새봄이는 왜 안 먹어?"

숟가락도 들지 않고 가만히 앉아 있는 내가 걱정이되시는지 아빠가 물어보신다. 지금이다! 내 단식투쟁의 의지를 밝히면 된다!

"용돈 올려주실 때까지 단식투쟁 할 거예요!"

아빠는 놀라셨는지 입이 턱 벌어진다. 언니는 고개를 저으며 혀를 끌끌 찬다. 엄마는 갑자기 물을 벌컥벌컥 마신다.

"새봄아, 네가 지금 무슨 말을 하고 있는지 알고 있니?"

엄마는 물 한 잔으로 놀란 가슴을 진정시키고는 차분한 목소리로 내게 묻는다.

"응! 엄마가 용돈을 올려줄 때까지 아무것도 안 먹을 거야!"
"정말 안 먹을 거니?"
"응. 안 먹어."
"정말이지?"

"응! 엄마가 내 말 들어줄 때까지 절대 안 먹어!"

엄마가 무서운 눈빛으로 나를 바라보신다. 이번엔 질 수 없다. 나도 엄마를 뚫어져라 바라봤다.

"좋아. 마음대로 해."

엄마는 내 앞에 놓인 밥그릇을 치워버렸다.

딸이 밥을 굶겠다는데 저렇게 매정하게 나오다니. 정말 팥쥐 엄만가 보다.

"안 먹을 거면 여기 왜 앉아 있어? 방으로 들어가!"

나는 방으로 들어가 침대 위로 몸을 던졌다. 가만히 누워 있으려니 배가 고파온다. 꼬르륵. 이럴 줄 알았으면 점심때 많이 먹어둘걸.

"여보, 새봄이 저대로 둬도 될까요? 요즘 자꾸 돈, 돈 거리는데 걱정돼요."
"그렇다고 아이가 원하는 걸 다 들어줄 수도 없고…. 참 큰일이네."

엄마, 아빠의 걱정을 알 리 없는 나는 배고픔에 뒤척이다 겨우 잠이 들었다. 그리고 과자동산에서 뛰어노는 꿈을 꿨다. 과자동산에서 맛있는 쿠키며 빵이며 초콜릿이며 잔뜩 먹고 우유 강에서 우유도 마셨다. 정말 행복한 꿈이었다.

다음날 나는 배가 너무 고파서 냉장고를 뒤져 반찬을 이것저것 꺼내고, 밥에 간장을 넣어 쓱쓱 비벼서 먹고 있었다. '밥이 꿀맛이다.' 라는 말이 무슨 의미인 줄 알 것 같았다. 정말 꿀맛이었다. 아니 꿀보다 훨씬 더 맛있었다. 그런데 또 언니에게 걸리고 말았다. 언니는 역시나 엄마, 아빠에게 일렀고, 나의 첫 번째 단식투쟁은 어젯밤 꿈처럼 허무하게 끝나버렸다.

"홈 알바를 해보는 게 어때?"

우리 반 최고 똑순이 유진이에게 그동안 있었던 일을 이야기했더니 방법을 알려준다.

"홈 알바가 뭐야?"
"홈 아르바이트, 줄여서 홈 알바. 집에서 심부름, 설거지, 청소 등을 하면서 아르바이트비를 받는 거야. 난 그렇게 부족한 용돈을 채우거든. 엄마, 아빠도 돕고."

"그래, 이거다!"

나는 집에 도착하자마자, 내 방 청소를 했다. 먼지 털고, 구석구석 청소기로 밀고, 걸레로 닦았다. 청소하다가 침대 밑에 숨어 있던 백 원도 주웠다. 책상도 정리하고 깨끗하게 닦고 나니 내 방이 반짝반짝거리는 것만 같다. 열심히 땀을 흘리고 나니 기분이 좋아졌다.

"엄마, 엄마!"

나는 안방 문을 벌컥 열었다. 그리곤 외출 준비를 하고 계시는 엄마의 손을 잡아끌었다.

"무슨 일인데? 엄마 바빠~"
"잠깐이면 돼."

나는 '짜잔!' 하며 내 방문을 열었다. 깨끗한 내 방이 반짝거리며 엄마를 맞아 주었다.

"엄마, 내가 청소 다 했어요."
"어머~ 우리 새봄이가 철이 들었나 보네."

엄마는 환하게 웃으시며 내 머리를 쓰다듬어 주셨다.

"나 잘했지?"
"응. 너무 잘했다."

나는 엄마의 표정을 살폈다. 흐뭇하게 웃고 계신다. 지금이다!

"엄마, 그럼 나 아르바이트비 줘."
"뭘 줘?"

"아르바이트비. 친구들은 청소하고 엄마한테 아르바이트비 받는대. 나는 방 청소랑 침대 정리, 책상 정리까지 했으니까 천 원씩 해서 삼천 원 줘."

엄마는 한숨을 휴우 내쉰다. 그리고 머리가 아픈 듯 '아이고~머리야.' 하며 이마에 손을 얹는다.

"새봄아, 이 방은 누구 방이지?"
"내 방이잖아. 뭘 그런 걸 물어봐."
"그래. 네 방이야. 새봄이가 청소하는 건 당연한 거지. 그러니 이런 건 아르바이트가 될 수 없어."

내가 속이 상해 고개를 푹 숙이고 있자, 엄마는 허리를 숙여 내 눈을 가만히 바라보았다. 그리곤 내 머리를 쓰다듬는다.

"네 마음을 모르는 게 아니야. 요즘 문구류나 과자가 얼마나 비싼지도 잘 알아. 삼천 원쯤 쓰는 건 금방이지. 하지만, 엄마는 새봄이가 돈의 소중함을 알았으면 좋겠어."

"쓸데없는 지출은 줄이고, 계획적으로 소비하는 멋진 어린이가 되길 바라는 건 엄마 욕심일까?"

엄마의 말씀에 난 눈빛이 흔들렸다. 용돈이 생겼다는 사실에 들떠서 계획 없이 흥청망청 쓴 게 사실이다. 누가 내 가슴을 콕콕 찌르는 것처럼 따끔거렸다. 이런 나의 마음을 눈치채셨는지, 엄마는 이내 너그럽게 웃으며 내 어깨를 다독여 주신다.

"좋아. 오늘부터 제대로 홈 아르바이트를 해보렴."

"아르바이트비는 설거지 한 번에 삼백 원, 청소와 빨래 널기는 이백 원, 심부름은 백 원이야. 그 외에 새롭게 하게 되는 일이 있으면 엄마와 상의해서 아르바이트비를 정하도록 하자. 어때? 괜찮겠니?"
"네! 엄마!"

너무 기뻐서 엄마의 허리를 끌어안고 엄마의 배에 얼굴을 비볐다. 엄마는 '녀석도 참' 하며 웃으신다.

엄마가 외출하신 뒤 나는 세탁기 속에 있는 빨래를 꺼내서 널고, 거실과 안방 청소, 그리고 설거지를 했다. 엄마가 하는 것처럼 빨래를 탈탈 털어서 건조대에 널고, 거실과 안방은 청소기로 밀고 물걸레로 닦았다. 설거지는 생각보다 재밌었다. 달그닥달그닥 그릇이 부딪치는 소리가 경쾌하게 들렸다. 뽀드득뽀드득 소리가 날 정도로 깨끗하게 닦인 접시를 보니 내 마음속까지 깨끗해지는 느낌이었다.

거의 처음 하는 일이라 재밌기도 했지만, 꽤 힘들었다. 이런 일을 엄마는 매일 하고 계신 거구나…. 하고 생각하니 새삼 엄마에게 미안하고 고마웠다. 나는 책상에 앉아 메모지 한 장을 꺼냈다. 그리고 연필로 한 글자씩 또박또박 써 내려갔다.

사랑하는 엄마께.
엄마, 오늘 홈 알바를 해보니, 그동안 엄마가 혼자서 집안일을 하시느라 얼마나 힘드셨을까 생각이 들었어요. 엄마 사랑해요. 그리고 늘 고맙습니다.
새봄이 올림.

나는 메모지를 예쁘게 접어 엄마 화장대 위에 올려놓았다.

몸을 많이 움직여서일까. 아직 자기 이른 시간인데 눈꺼풀이 무거워진다. 그날 밤. 스르르 잠이 들었는데, 엄마가 내 방에 들어오셔서 한참이나 내 얼굴을 쓰다듬었다.

"새봄아, 사랑한다."

엄마는 내 귀에 속삭이며 내 볼에 뽀뽀도 해주셨다. 내 편지를 읽으셨나 보다. 내 얼굴을 쓰다듬는 엄마의 손길이 너무 부드럽고 따뜻해 그대로 스르륵 잠이 들었다.

제 4 장

용돈은 관리가 중요해!

"자, 이번 주 용돈!"

언니는 이번에도 역시 용돈이 적다며 올려 달라고, 올려 달라고 졸라댄다. 엄마는 언니의 투정을 들은 척도 안 하고, 순서를 기다리고 있던 나에게 용돈을 내밀었다.

"이번 주 용돈 삼천 원. 그리고 홈 아르바이트비 이천이백 원."

이제 겨우 3일 아르바이트를 했는데 벌써 이천이백 원이나! 내 손에 들린 돈을 보니 하늘을 날아갈 듯이 기뻤다. 내 땀과 노력이 들어간 값진 돈이니, 더 기쁠 수 밖에. 같이 홈 알바를 하자고 했더니 그깟 동전 몇 개 모아봐야 뭐하냐고 했던 언니도 생각보다 많은 금액에 부러운 듯 쳐다보았다.

이 돈이면 건우가 갖고 싶어 하던 캐릭터 팽이를 살 수 있다. 학교 가던 길에 문구점에 들린 나는 한 번에 캐릭터 팽이를 골라 들었다. 하지만, 계산대 앞에 서자 고민이 되기 시작한다. 심부름을 세 번, 설거지 세 번, 그리고 청소 세 번, 빨래 널기 두 번. 힘들게 일하며 번 돈이 이천이백 원이다. 그런데 이 팽이가 오천 원이라니….

'오천 원을 벌려면 대체 얼마나 많은 일을 해야 하는 거야.'

하고 생각하니 선뜻 지갑에서 돈을 꺼낼 수가 없었다. 결국, 나는 캐릭터 팽이를 원래 있던 자리에 가져다 놓았다. 문득 건우가 늘 연필을 잃어버려 친구들에게 자주 빌려 쓰던 모습이 떠올랐다. 나는 이천 원짜리 연필 한 세트를 사서 학교에 갔다. 친구들은 건우에게 줄 선물 얘기를 신나게 하고 있었다. 하영이는 고민하다가 영어 동화책을 선물하기로 했다고 한다. CD까지 들어 있는 책이라 꽤 비싸게 샀다고 자랑을 했다. 진경이는 예전에 미리 사두었다는 캐릭터 시계를 가지고 왔다.

친구들은 내 선물을 궁금해했지만, 난 비밀이라며 알려주지 않았다. 학교 수업이 끝나고, 서둘러 집에 간 나는 건우에게 선물하려고 산 연필을 모두 꺼냈다. 그리고 예쁜 종이 위에 또박또박 건우의 이름을 썼다. '강건우, 강건우, 강건우' 연필 수만큼 건우의 이름을 쓰다 보니 건우가 더 가깝게 느껴진다. 이름을 쓴 종이를 가위로 자르고, 테이프로 연필에 붙였다. 그리고 다시 상자에 가지런히 연필을 넣었다. 연필 한 자루 한 자루 '강건우'라고 이름표가 달렸다. 평범했던 연필이 내 정성으로 조금 특별해졌다.

건우 집 앞에 도착하자, 문밖에서부터 친구들의 웃음소리가 들려왔다. 초인종을 누르자, 건우가 나와 환하게 웃으며 날 반겨주었다.

"어서 와. 아직 시작 안 했어."

내가 자리에 앉자 건우 어머니가 케이크를 준비해주셨다. 케이크에 촛불이 켜지고, 친구들은 목이 터져라 큰 소리로 생일 축하 노래를 불러 주었다. 친구들의 축하 노래가 기분 좋은지 건우 얼굴은 싱글벙글이다. 노래가 끝나자 '생일 축하해~'라는 말과 함께 하나둘씩 선물을 내밀었다.

"고마워."

건우는 하나하나 풀어보고 친구 한 명 한 명에게 고맙다고 인사를 전했다. 비싸고 좋은 선물들이 나올 때마다 친구들은 '와~' 하고 탄성을 질렀고, 나는 조금씩 기가 죽었다.

친구들이 모두 선물을 전달하고, 마지막으로 내가 건우에게 선물을 건넸다. 친구들도 내 선물이 궁금한지, 모두 내 선물 포장을 뜯는 건우의 손을 보았다. 그리고 이내 선물의 정체가 드러나자 친구들은 '에이~' 하며 실망하는 눈치다. 하영이는 내 선물을 보고 피식 웃는다. 분명히 '내가 이겼다.' 라는 웃음일 것이다. 하지만, 난 땀 흘려 번 돈으로 건우의 선물을 마련한 것이다. 나는 오히려 내 자신이 자랑스러웠다.

"선물이란 건 비싸냐, 비싸지 않냐는 중요하지 않아. 그 사람에게 얼마나 필요한지 생각하고 진심으로 축하하는 마음이 담겨 있어야 진짜 값진 선물이 되는 거야. 연필은 분명히 비싼 선물은 아니야. 하지만, 건우에게는 꼭 필요한 물건이라고 생각했어."

나는 당당하게 내 선물을 비웃는 친구들을 향해 말했다.

친구들은 조금 당황하는 눈치다. 아…, 괜한 말을 했나. 내가 생각해도 당황스럽긴 하다. 건우는 당황하는 나를 보고 한 번 웃어주더니 연필을 하나하나 꺼내본다. 그리고 연필에 붙어 있는 이름표를 보고 환하게 웃는다.

"건우 생일 파티는 잘 다녀왔니?"

신이 나서 콧노래를 부르며 들어오는 나를 보며 엄마가 묻는다.

"응! 너무 재밌었어. 그리고 건우가 내 선물을 가장 마음에 들어 했어. 엄마."
"그래? 건우가 갖고 싶다던 캐릭터 팽이?"
"아니, 내 정성이 담긴 선물."

의아해하는 엄마를 보며 나는 오늘 있었던 일을 이야기해 주었다. 엄마는 '우리 딸 기특하다.'며 엉덩이를 토닥토닥 해 주었다. 아빠도 옆에서 내 이야기를 들으시곤 흐뭇하게 웃으셨다. 잠시 후 엄마는 서랍에서 작은 수첩 하나를 꺼내오셨다.

"자, 새봄이 선물이야. 이제 너에게 이걸 줄 때가 된 것 같다."

수첩에는 예쁜 캐릭터 그림과 함께 '용돈 기입장'이라고 적혀 있었다.

"용돈 기입장? 이게 뭐야?"
"엄마가 매일 가계부 쓰는 거 알지? 그것처럼 하루 동안 새봄이가 쓴 돈, 그리고 받은 돈, 저축한 돈을 기록하는 수첩이야. 매일매일 기록하다 보면 쓸데없이 돈 쓰는 일을 줄이게 되고, 그러다 보면 자연스레 돈이 모이겠지."

이번에는 엄마의 말을 흘려듣지 않았다. 하나하나 귀담아듣고 용돈 기입장을 훑어보았다.

"나간 돈은 빨간색으로, 들어온 돈은 파란색으로 기록하면 한눈에 보기 좋을 거야. 그리고 그 돈을 더하거나 빼서 남아 있는 돈은 또 다른 색으로 기록해두면 더 좋겠지?"
"네! 엄마, 고맙습니다!"

나는 방으로 들어가 용돈 기입장을 펼쳤다.

그리고 내가 받은 돈은 파란색으로, 오늘 쓴 돈은 빨간색으로, 쓰고 남은 돈은 초록색으로 적었다.

받은 돈 : 5,200원 (용돈 3,000원 + 알바 2,200원)
쓴 돈 : 2,000원 (건우에게 선물한 연필세트)
남은 돈 : 3,200원

나는 큰 보물이 생긴 것만 같은 기분이었다. 그리고 난 용돈을 아껴 저금도 시작했다. 다음 학기가 시작되자 내 돼지 저금통은 제법 무거운 돼지 저금통이 되어 있었다.

"우리 새봄이 저금통이 다 차면 그 돈으로 뭘 하고 싶어?"

아빠는 내가 저금하는 이유가 궁금하신가 보다. 곧 다가올 아빠 생신을 위해 돈을 모으고 있다고 생각하시는 것도 같다. 하지만, 내가 저금하는 이유는 따로 있다. 바로 행복을 나누기 위해서다.

　얼마 전, 텔레비전에서 지구촌 빈곤 아동에 대한 이야기를 다룬 프로그램을 본 적이 있었다. 지구 곳곳에 나와 같은 어린이들이 전쟁과 자연재해로 먹을 것이 없어 굶주리고, 병에 걸려 고통스러워하며 힘겹게 살아가고 있었다.

　우리는 학교 다니는 것도 힘들다고 투정부리는데 그 어린이들은 돈을 벌기 위해 맨발로 쓰레기 산을 뒤져 쓸 만한 고철을 찾아다녔다.

그 프로그램을 본 뒤로 난 너무 가슴이 아팠다. 지금까지 용돈 달라고 투정만 부린 내가 너무 부끄러웠다. 나와 같은 어린이, 나처럼 많이 웃고 행복해야 할 어린이들을 위해 무언가 하고 싶어졌다. 그 아이들을 직접 만날 순 없지만 마음만은 이어지는 친구가 되고 싶었다.

그래서 저금을 시작했다. 떡볶이가 먹고 싶을 때도 참고, 캐릭터 스티커 북이 사고 싶을 때도 꾹 참았다.

대신 그 돈은 모두 저금통에 넣었다. 그런데 이상하게 갖고 싶은 것을 갖지 못하고, 먹고 싶은 것을 먹지 못했는데도 더 행복해졌다. 그렇게 몇 달이 지나고 어느덧 저금통이 꽤 많이 묵직해졌다. 저금통을 안고 엄마와 함께 은행으로 갔다.

얼마 되지 않는 돈이지만, '한새봄'이라는 이름으로 지구촌 빈곤 아동을 돕는 기관에 보냈다. 동전이 다 빠져나가고 텅텅 빈 저금통이 내 품으로 돌아왔다. 하지만, 내 마음은 오히려 '행복'으로 가득 찼다.

처음에는 그냥 내 마음대로 돈을 쓰고 싶어서 용돈이 필요했다. 하지만, 용돈을 써보고, 홈 알바를 하면서 돈의 소중함을 느낄 수 있었다. 엄마, 아빠가 얼마나 힘겹게 돈을 버시는지도, 단돈 백 원이 없어 굶주리는 어린이들이 있다는 것도 알게 되었다.

돈의 소중함을 알고, 아끼고 모아서, 행복한 나눔을 실천했으니 이제야 진정한 부자가 된 것 같다. 나는 세상에서 가장 행복한 부자다!

뚝딱뚝딱 고민해결

용돈이 너무 부족해요!

새봄이는 언니처럼 용돈을 받고 싶어요. 언니는 용돈을 더 달라고 투정을 부리지만, 새봄이는 받기만 해도 좋을 것 같았죠. 하지만, 막상 용돈을 받고 나니 용돈이 금세 사라지고 없었어요. 갖고 싶은 것, 먹고 싶은 것 다 사고 싶죠? 용돈이 너무 부족하다는 생각이 들죠? 하지만 부모님께서는 용돈을 아껴 쓰라고 하십니다. 어떻게 하면 용돈을 아껴 쓸 수 있을까요? 그럼 우리 같이 고민을 뚝딱뚝딱 해결해 봐요!

용돈을 아껴 쓰는 방법

1. 물건에 이름 쓰기

물건을 잃어버려서 다시 사야 되는 일을 막을 수 있어요. 잃어버리기 쉬운 연필과 지우개에도 이름을 써두면 나중에 다시 찾을 수도 있겠죠?

2. 물건을 아껴 쓰고, 재활용하기

빨리 새 물건을 사고 싶다고, 지금 쓰고 있는 물건을 함부로 쓰고 있지는 않나요? 다 쓴 사인펜 뚜껑은 닫아두고, 크레파스도 사용 후에는 제자리에 꽂아두세요. 쓰다 남은 색종이나 스티커도 모아두면 다음에 또 쓸 수 있어요.

3. 군것질비나 오락비 줄이기

군것질을 자주 하는 건 건강에도 해로워요. 집에서 부모님께서 챙겨주시는 음식을 먹고, 친구들과 오락실이나 게임방에서 쓰는 돈도 줄여보세요. 아주 작은 돈이라고 생각하지만, 매일 군것질과 오락을 한다면 꽤 많은 돈을 쓰게 될 거에요.

4. 먼저 사야 할 것의 순서를 정하기

내가 원하는 것은 무엇이고, 필요한 것은 무엇인지 잘 생각해 보세요. 꼭 필요한 것을 먼저 사고 필요하지는 않지만 사고 싶은 물건은 나중에 사는 것이 좋겠죠? 순서대로 물건을 사다가 용돈이 떨어졌다면 다음에 용돈을 받아서 사야 합니다. 정해진 용돈 안에서 계획을 세워 쓰도록 해요.

5. 남은 용돈은 저축하기

꼭 필요한 것들을 사고 나서 남은 돈은 나중에 사고 싶은 것을 사기 위해 저축하는 것이 좋습니다. 저축을 할 때 '앞으로 돈을 모아서 꼭 이것을 하겠다'는 목표를 세우면 모으는 기쁨이 더 커져요.

6. 매일 용돈 기입장 쓰기

하루하루 용돈을 어떻게 썼는지 적어두면, 쓸데없는 곳에 돈을 쓰는 일을 막을 수 있어요. 계획보다 더 많은 돈을 썼을 때는 '다음에 더 아껴 써야지' 하고 반성할 수도 있겠죠? 생각보다 돈이 많이 남아 있을 때는 용돈을 잘 관리했다는 보람도 느낄 수 있어요.

용돈 기입장 쓰는 방법

① 기입장에 날짜별로 차례로 쓴다.
② 들어온 돈과 나간 돈을 숫자로 적는다.
③ 들어오고 나간 내용을 이해하기 좋게 내용란에 적는다.

날짜	내용	들어온 돈	나간 돈	남은 돈

선생님과 부모가 선정한

우리 아이 성장에 꼭 필요한 5가지

바른 인성 | 사회성 | 배려 | 끈기와 인내 | 용기

저학년 권장도서

어린이 자기계발 분야 베스트셀러 저자인 박비소리의 저학년을 위한 심리계발 도서!!

박비소리 지음 | 각 8,500원 | (185 x 235)

씨앤톡 좋은 친구 만들기 동화 시리즈

저학년 권장도서

학교를 다니다보면 마음이 맞는 친구도 있지만 거짓말을 하거나 괴롭히는 친구, 이성 친구, 잔소리하는 친구 등, 자신을 귀찮게 굴거나 피해를 주는 친구들이 생기게 마련입니다. 이번 시리즈에서는 이러한 친구들을 그저 피할 것이 아니라 어떻게 하면 좋은 친구로 만들 수 있는지 생각해 보는 기회를 가질 수 있습니다.

박비소리 지음
각권 8,500원